Gedichte

aus der Reihe
„Perlen unserer Erinnerung"

Sehnsucht, Glück und Bäume

Carmen Sabernak (Hrsg.)

Bibliografische Information der Deutschen Nationalbibliothek:
Die Deutsche Nationalbibliothek verzeichnet diese Publikation in der Deutschen Nationalbibliografie; detaillierte bibliografische Daten sind im Internet über dnb.d.nb.de abrufbar.

Impressum
2017 © Carmen Sabernak, alle Rechte vorbehalten

Herstellung und Verlag:
BoD - Books on Demand, Norderstedt

Cover, Satz und Layout:
Nicole Mewes

Bildnachweise:
© by-studio © sonne fleckl - Fotolia.com
© Wolfgang Richter („Sturmflut", Ölfarbe, 50 x 70 cm, Januar 2017)
© Carmen Sabernak - Privatarchiv
© Andreas Behrein - Bäume

ISBN: 9783848257195

Inhalt

Vorwort

Carmen Sabernak hatte die Idee, die Erinnerungen unterschiedlicher Menschen zu sammeln.

Erinnerungen, die wertvoll wie Perlen sind. Sie fragte in der Teltower AWO-Gruppe nach und es fanden sich schnell MitstreiterInnen und Mitstreiter.

Einmal im Monat trafen sie sich, tauschten Erinnerungen aus, lasen aus ihren Geschichten und verbrachten schöne gemeinsame Stunden. So wurde recht schnell der Entschluss gefasst, diese „Perlen unserer Erinnerungen" in kleinen Büchern aufzubewahren.

Die Geschichten sind so unterschiedlich, wie die Menschen, die sie erlebt haben. Einzelne Geschichten wurden zum Teil schon vor einigen Jahren verfasst. Deshalb finden sich teilweise auch noch Texte in der alten Rechtschreibung.

Diese wurden absichtlich nicht angepasst, denn es sind Perlen aus der betreffenden Zeit.

Wir wünschen Ihnen ebenso viel Vergnügen beim Lesen, wie wir Freude hatten, das Buch zu gestalten.

Herzliche Grüße
das AutorInnenteam

Der Baum und das Glück

Es war in einem schönen Land,
ein Baum majestätisch am Wegesrand stand.
Phantastisch groß und ebenso stolz,
glaub mir, er war aus bestem Holz.

Er streckte die Wurzeln tief ins Erdreich rein
und hob seine Krone – herrlich frei.
Sag lieber Freund: „Wo willst Du noch hin?"
„Ich will noch viel höher – das ist mein Sinn".

„Was soll ich hier unten auf Erden?
Hier kann ich nicht noch schöner werden."

Ich antworte ihm: „Sei nicht so keck,
sonst pustet ein Sturm Deine Krone weg.
Und was ist dann? – Vorbei ist der Traum,
dann gab es einmal Dich, den so stolzen, Baum."

„Komm lieber Freund, bleib uns auf Erden,
nur hier kannst Du stark und glücklich werden."
Auf Erden zu wachsen Stück für Stück,
der Baum und die Schönheit – was für ein Glück.

Gemeinsam mit Rücksicht, hier auf Erden,
können Mensch und Natur glücklich werden.

Jeanette Lamprecht, Februar 2017

Baum und Glück

Ein großer Baum, stark verwurzelt,
kam einen Berg herunter gepurzelt.
Was war geschehen? Wie sah er bloß aus?
Wer machte ihm so gemein den Garaus?

Ihr wollt wissen, wer's war – ich sag's voller Ernst,
es war der Homo Sapiens.
Vorbei mit dem Leben, vorbei mit dem Glück,
der Baum kehrt nicht – nie mehr zurück.

Hart ist das Leben
und oftmals nicht schön,
doch mit Ausdauer und Geduld
kann man die Sonne leuchten sehn.

Sie wandert stets weiter, Stück um Stück
und kehrt immer wieder – das ist unser Glück.

Jeanette Lamprecht, März 2017

In Erinnerung an Uwe R.
1954 - 2010

Seine Gedichte aus der Zeit von 1994–1996

Genesung

Versunken der Weg,
der Eos gleich
kündet vom Sein,
im Labyrinth.

Nicht verstehend,
zündet der Code –
der Genen gleich eingebrannt,
den Krieg –
wider die Vernunft.

Im Taumel –
Marionetten gleich,
magisch Zauberformeln –
die versperren die Sicht
auf das Wesentliche.

So gefangen –
wird verrichtet das Werk,
wird ausgekostet Verzweiflung –
die ohnmachtsvoll
Erschauern läßt.

Am Abgrund –
dem Koma nahe,
wird für Augenblicke nur
bewußt –
das Unfaßbare,
das Verdrängte.

Eruptierend
entläd sich Ohnmacht –
artikuliert sich
Wut, Zorn, Haß –
bis erschöpft innehaltend,
schließt sich der Vorhang.

Stille.

Nackt –
der Genese schauend,
das Chamäleon –
hilflos
nach Worten ringend,
öffnen sich die Augen
im Tränenmeer.

Im Erkennen –
zerspringt der Spiegel
des Schein's,
gibt
Preis sich der Lächerlichkeit
und bedeutungslos geworden,
offenbart sich der Weg.

Auf
dem Feld der Trauer
regt Leben sich.
Die
Wurzeln getränkt vom

Universum
lassen Knospen sprießen.
Neu
entfaltet sich
das Reich der Sinne,
läßt triumphieren
die Liebe –
den Tod.
So
geboren –
Ohne Schuld,
Ohne falsche Scham,
Leben –
Frei, Selbst, Sein.

Uwe R., September 1994

Was ist der Mensch,

sein Weg -

    wenn; Irritationen
           ohne
           Wahrzunehmen lebendig,

           Traumata
           gestern, heute –
           degradierenden Menschen,
    der   immer noch
           mit dem Nabelsaum
           am großen Mutterkuchen hängend,

    verliert das ICH
           um
           in etwas Anderem – mehr,
           als in sich Selbst zu Sein?
    Ist es
    die Ignoranz des Anderen –

die;

    die personale Unbehaglichkeit,
    das
    Gefühl von Betroffenheit –
    die

Erkenntnis der Existenzlüge verdrängen hilft
oder sind
jene ehernen Strukturen;
    Prostitution,
    verwurzelt bis ins letzte Glied –
    Kommunikation,
    Entfremdet im Geschwindigkeitsrausch–
    ohne Nachhaltigkeit –
Saat des Morgen?

Gott
längst für tot erklärt,
hat
Erhoben sich der Mensch
zu neuen Dimensionen –

Wird nicht;

    wo

    Dummheit,

    die

    Tradition der verbrannten Erde weiter

    lebt –

Geschichte fragwürdig?

Vergewaltigte Natur –

brachliegende Geschichte,

jene Unbestechlichen

legen Zeugnis ab

und

kommt nicht

vor dem Tod

das Sterben?

Uwe R, April 1996

 Bleib

bei der Angst,
die
Dich begleitet.

Geh

den Weg
der Erkenntnis

und

koste von der
Gelassenheit,

die
das Leben
jeden Tag vor uns
ausbreitet.

Uwe R., August 1995

Vom Aufbruch

Ändere
Deine
(Die)
Perspektive –

synthetisiere das Spektrum

des Prismas   des Lebens

und
begrüße

das Licht.   Die Wahrheit.

Uwe R, August 1995

Einfach fliegen

Mit
Dir gemeinsam
das „Du"
lernen,
sich täglich
neu
Fordern und Schenken
und
einfach fliegen.

Uwe R., Februar 1996

Seit

der Blick
der Mondfrau
mich streifte,
erwachte
das Kokon vernarbte Herz –

Ahnungsvoll
reflektierter
Augenblick,

Schwerelos –
freudvoll beseelt,
durchwandernd
den Tag,

verbrennt Nachts,
Nesselhemd gefangen –
eingebettet
in
Raum und Zeit,
die Haut –

Die
bewußt
werden läßt
den Verrat
am
Körper,
am
Selbst.

Uwe R., Oktober 1995

Wird

Vernunft
Geboren –

                   aus der
                   Zwietracht

                                     von
                   Unschuld (Schuld)
                   Unrecht (Recht)

vom
Für
Dem
Wider –

Diesem
Kampf der Gegensätze;

                   oder
                   wird
                   sie
bewußt mystifiziert –

Komplize
der Macht,

um
zu gebären

subtile
Instrumente
der
Ohnmacht –

bar jeder Vernunft?

Uwe R., Mai 1996

Den

E lementen entstiegen –
begleiten
Salz gewordene Tränen
das Leben,
verlieren Worte ihren Sinn
wie
nutzloses Werkzeug.

Ein
Leben in ehernen Fesseln –
läßt verlöschen die Sinne,
läßt
versiegen die Quellen
des Erinnerns,
des Vergessens;
läßt
entfliehen die Seele.

Aber:

das Herz –

meine Trommel,

ruft mich –

Wieder und Wieder,

mich einzureihen

in

den Reigen unter dem Regenbogen.

Uwe R., August 1996

Meine Bitte für Brandenburg

Lieber Wind, laß' mal südlich von Berlin
deine großen Wolken zieh'n.
Laß am Tag die Sonnen scheinen,
in der Nacht den Himmel weinen.
Wässere reichlich unser Land,
sonst wird alles nur verbrannt.
Wenn der „Regengott" das macht,
kriegt er Dank von uns gebracht.

Gela, Juli 2017

M ich beschäftigt her und hin:
Hat das Leben einen Sinn?
Ist Gott an allem schuld,
oder fehlt mir nur Geduld?
Überall gibt's diese Fragen.
All' das schlägt mir auf den Magen.
Keiner kann mir die Antwort sagen!

Gela

Foto: Andreas Behrein

Sprüche fürs Alter

Aufregen ist besser als Aufgeben!

Gela, 01.12.2016

--- ❦ ---

Lieber Gott,
ich hab' was auf dem Herzen:
Befreie mich von den Schmerzen
und mach mich wieder flott.

Gela, 15.01.2017

--- ❦ ---

Wer immer schluckt,
sein Leben lang,
der ist am Ende nervenkrank!

Gela, 02.04.2017

A ls Schöngeist
lieb' ich alles, was „Schön" heißt.
Als Realist
sag' ich: Vieles ist Mist!

Gela

---- ☾ ----

L aß' dich vom Bösen
nicht besiegen,
sondern überwinde es
durch das Gute!

Gela

Ein Augenblick Geduld
kann viel Unheil verhüten.

———————— ☙ ————————

Der größte Fehler ist,
sich keines Fehlers bewußt zu sein.

———————— ☙ ————————

Es ist leicht,
das Leben schwer zu nehmen.
Es ist schwer,
das Leben leicht zu nehmen.

Gela

V erwandle große Schwierigkeiten in kleine
– und kleine, in gar keine.

M ach dich nicht kleiner als du bist.
Dafür sorgt schon das Leben.

V iele kleine Taten
verändern die Welt.

Gela

E s ist nichts so schlecht,
oder so gut,
wie es am Anfang
scheinen tut!

Gela, 29.06.2017

Veränderungen

Großer Aufstand ist in Teltow
keiner ist mehr brav und still,
weil die Stadt die Senioren
aus dem Bürgerhaus vertreiben will.

In Teltow rumort es seit Jahren,
man will an den Rentnern sparen,
schiebt sie hin und schiebt sie her.
Das mißfällt den Alten sehr.

Leichten Herzens wird gebrochen,
was man jahrelang versprochen,
daß der Seniorentreff, die Kleinigkeit,
sicher ist für alle Zeit.

Für die Rentner sind 8.000,- Euro
viel zu teuro, viel zu teuro,
weil in Teltow, das weiß jedes Kind,
das Geld für Straßenspangen aus der Kasse rinnt.

Wissen die heutigen „Väter" dieser Stadt
nicht, wer sie nach dem Krieg aufgebaut hat?
Haben sie ihr Gedächtnis verloren?
Das waren die Senioren, die Senioren!

Schreibt die Warnung nicht in den Wind
und lasst uns bleiben, wo wir sind.
Dann sind alle wieder froh.
Gruß und Dank dann, der Stadt Teltow.

Gela, 2010

Aber Hallo

- das Leben schreibt die besten Geschichten. Mal zu Weinen - mal zum Lachen, aber immer real. So auch diese.

Nennen wir die beiden Altchen ganz einfach Tante Amalie und Onkel Arthur. Unsere beiden A's. Sie hatten ihr Leben ganz unauffällig gelebt. Viel gearbeitet - mal verreist - mal gestritten und wieder vertragen. Also ganz normale Leute so wie Du und Ich. Die große Wohnung hatten sie im Alter in eine kleine, 2 Zimmer mit Kochnische, getauscht und lebten so unauffällig vor sich hin. Das Leben hatte ihnen so einiges genommen, die Haare sind dünn geworden die Zähne wurden durch die dritten ersetzt. Diese waren ja wie die Sterne, sie kamen abends immer raus. Da die beiden ja alles schön gemeinsam machten, so wurden die teuren Beißerchen auch schön gemeinsam abends in ein kleines Töpfchen getan, Reinigungspulver dazu, etwas Wasser rauf, das ganze auf dem Gasherd etwas angewärmt und morgens war dann alles schön sauber.

Lief so über Jahre ganz prima. Doch eines Tages im Winter war dann alles ganz anders. Onkel Arthur stand als erster auf und ging in das Wohnzimmer. Er war ganz erstaunt, denn es war trotz der kalten Jahreszeit richtig kuschelig warm.

Es hat auch ein bisschen komisch gerochen. Onkelchen ging der Nase nach zur Kochnische, wo er förmlich erstarrte. Die wohltuende Wärme kam von einer Gasflamme des Herdes. Wäre ja nicht weiter schlimm, wenn darüber nicht das Töpfchen mit den Gebissprothesen gestanden hätte. Ein Blick darein ließ Onkel Arthur erstarren und die hinzugekommene Tante Amalie beinahe in Ohnmacht fallen. Alle vier Gebissteile waren pulverisiert. In dem grauen Staub war die Gold-krone von Tante Amalie, allerdings etwas ge-schwärzt, zu erkennen.

Resolut übernahm Amalie das Kommando. Zum Frühstück gab es erstmal etwas Weiches. Ohne

Zähne ging es ja auch nicht anders. Danach ab zum Zahnarzt. Frauen zuerst. Der Höflichkeit halber. Also musste Tante Amalie erst einmal die Generalbeichte über das Geschehen ablegen. Dem Zahnarzt und seiner Helferin bereitete der Erhalt einer ernsten Miene große Schwierigkeiten.

Dann hatte Tante Amalie die ganze Prozedur, Abdruck oben – Abdruck unten, was eben alles zur Neuanfertigung so notwendig ist, überstanden.

Der Zahnarzt und seine Helferin hatten Schwierigkeiten, ihr Lachen zu verbergen, als sie Tante Amalie mit tröstenden Worten verabschieden wollten. Diese wandte sich zu beiden um und fragte mit etwas ängstlichem Ton, ob nun ihr Mann reinkommen könnte. Als dieser dann ebenfalls zahnlos, verlegen lächelnd vor ihnen stand war es mit der Beherrschung endgültig vorbei. Zahnarzt und Helferin brachen in ein Lachen aus.

Beide Altchen standen nun etwas bedröppelt wegen der Heiterkeit da. Doch dann zeigte sich wie so ein langes gemeinsames Leben stark macht. Tante Amalie und Onkel Arthur sahen sich an. Erst etwas erschreckt, denn auch zu Hause hatten sie nicht so richtig alle Folgen des Geschehens wahrgenommen. Doch dann stimmten sie beide in das Lachen des Zahnarztes ein. Es war ein befreiendes Lachen. Es half den beiden über die beklemmende Situation hinwegzukommen und auch die zahnlose Zeit bis zur Fertigstellung der neuen Prothesen mit guter Laune und breiförmiger Nahrung zu überstehen.

Als mir diese Geschichte im Kreis meiner Seniorengruppe zu Ohren kam, haben wir alle auch Tränen gelacht. Dann haben wir festgestellt, dass man mit Heiterkeit so einiges überstehen kann. So wie Tante Amalie und Onkel Arthur.

Eva M. Klück

Nachts

Gedanken drehen sich im Kreise
in der Nacht ganz leise.
Angst treibt mich um.
Ich weiß oft nicht warum.
Ich will nicht so klein sein,
will davon frei sein.
Frei von Angst und Sorgen
um die Zukunft, das Morgen.
Die Freiheit bringt Glück
und Lebensfreude zurück.
Das Glück gibt mir Mut.
Nun wird vieles wieder gut.
Der Mut gibt mir Kraft,
die neue Einsichten schafft.
Kraft für ein frohes Leben,
nach dem wir auch im Alter streben.

Gela, März 2017

Gemeinsam, statt einsam, dass ist unser Motto!

Drum sagt die Frieda zum dem Otto:
„Laß' uns beide gehen
zum Seniorentreff, Ritterstraße 10.
Da gefällt's dir, du wirst es sehn."

Mal kann man einem Vortrag lauschen,
mal seine Gedanken austauschen,
mal spielen Rommé und Skat,
mal auch nur reden, ganz privat.

Mal wird gefeiert, richtig feste,
und viel gelacht, das ist das Beste!
Und bei der „Stunde der Musik"
erlebt man stets ein kleines Glück.

Du kannst auch geh'n zu ein'gen Gruppen,
wo du kannst wandern, singen, huppen.
Wo du kannst dein Talent entfalten
und zeigen, das, was in dir steckt,
das bisher war total verdeckt.

Ja, im Seniorentreff, da ist viel los
und das Team, das uns umsorgt, famos.
Auch darf man eines nicht vergessen,
das ist das delikate Essen,
das man beim Tanz verspeisen kann.
Das ist 'ne Wucht, mein lieber Mann!

Da geh'n wir heut' zum Kaffee hin,
wenn ich auch schlecht zu Fuße bin.
Da sind wir dann, mein lieber Otto,
getreu des Seniorenbeirats Motto:
„Gemeinsam, statt einsam!"

Man hörte zwar der Senioren viele,
die schwärmten vom Klub, mit Frau Schiele.
Doch das Rad der Zeit dreht weiter.
Drum nach vorn geschaut, ganz heiter!

Und vielen Dank auch uns'rer Stadt,
die dieses finanziert hat.
Was ihr zwar schwer fällt, fürwahr,
trotz allem, nun schon 20 Jahr.

Gela,, 2008

Lebensmotto

Höre nie auf anzufangen,
fang nie an aufzuhören.
Mache weiter,
auch wenn's schwerfällt!

Gela

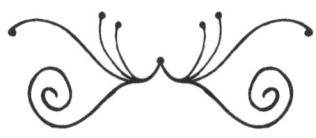

Heilkraft der Natur

Ich wandre am Morgen
mit vielen Sorgen
am Bach entlang
und fühle mich krank.
Dann seh' ich voll Wonne
das Leuchten der Sonne.
Im Wald wird es munter.
Alles scheint bunter
und schöner zu sein.
Die Vögel singen,
die Fische springen
im Wasser umher.
Was brauche ich mehr?
Die Sorgen verfliegen,
innerer Frieden
kehrt in mir ein.
Nun gehe ich heim.
Ich freu' mich und sag':
Das war ein schöner Tag!

Gela, 12.03.2017

Sprüche für´s Alter

Alle Dinge, die wir lieben,
sollten wir nicht auf „bald" verschieben.
Liebe Freunde, seid nicht dumm,
denn bald ist das Leben um!
Alles, wovon wir uns trennen wollen,
aus den Schränken, übervollen,
aus den Kisten und den Truhen,
worin alte „Schätze" ruhen,
alle kleine Dankesgaben,
die wir schon vergessen haben,
die mal waren superschick,
rauben uns nun den Überblick.
Darum fort mit diesem Kram.
Heute fang' ich damit an!

Gela, 24.11.2016

Was ist Glück?

Ist es das Gegenteil von Pech? Ist es ein Gefühl höchster Ekstase beim Sex? Für mich ist es Freude.

Freude über Erreichtes, Freude über einen schönen Tag in der Natur, wenn die Sonne scheint, die Blumen am Wegesrand blühen, die Vögel zwitschern und ein laues Lüftchen durch den Wald weht.

Dann ergreift mich eine frohe Stimmung. Ich fange an zu singen und bin mit mir und der Welt zufrieden.

Ich erinnere mich an einen Tag in meiner Kindheit. Meine großen Schwestern waren zu Besuch gekommen. Es war Sommer und die Sonne schien. Da machten sie einen Ausflug in den Wald und ich durfte mitgehen.

Meine Schwestern Lenchen und Edith, die älter als ich waren, hatten beim Pilzesuchen auf einer Bahntrasse, die 1939 begonnen wurde, aber bis heute nicht fertiggestellt ist, weil der 2. Weltkrieg kam, einen schönen Platz gefunden.

In einem großen Loch hatte sich einer kleiner Teich mit Schilf und Binsen gebildet. Die Erde bestand aus feinem „Zuckersand" und die Bäume an dieser „Oase" rauschten friedlich. Ich spielte am Wasser und meine Schwestern sonnten sich. Da begriff ich zum ersten Mal die Schönheit der Natur und war glücklich.

Als ich ein paar Jahre älter war, habe ich mehrmals diesen Platz gesucht, aber ihn nie wieder gefunden. Vielleicht kann ich mich deshalb an diese Episode so gut erinnern.

Gela, 12.02.2017

Sprichwörtliches

Glückliche Tage sind kurz.

(Aus Indien)

———————— ⊙ ————————

Schreckliche Tage nehmen kein Ende.
Glück spielt sich in Sekunden ab.

(Eichinger)

———————— ⊙ ————————

Im Sprichwort heißt es:
Der Klügere gibt nach.
Doch wer immer nachgibt,
ist am Ende der Dumme.

Gela, 04.02.2017

Sprichwörter – leicht verändert

Liebe nicht nur deinen Nächsten,
sondern auch dich selbst.

Trotz Kummer und Sorgen
freu dich auf morgen.

Sei wie das Veilchen im Moose,
so sittsam, bescheiden und rein –
und nicht, wie die stolze Rose,
die immer bewundert will sein.

Sei doch keine Mimose
und mach dich nicht immer so klein.
Sei mal so stark wie die Rose
und setz deine Dornen ein.

Gela

Trage nie den Kopf zu hoch
das macht Dich kleiner – und nicht groß,
denn Arroganz und Größenwahn,
hat noch keinem gut getan.

Jeanette Lamprecht, Januar 2017

─────────── ☉ ───────────

Bleibe stets sauber und ordentlich,
im Dreck liegst Du schneller als gedacht.

Jeanette Lamprecht

Leben - Liebe

L iebe –
wunderschöne Stunden –
doch nicht nur,
auch Wehmut, Kummer, Sorgen.
Liebe –
nur sie allein
kann Schweres vergessen machen.

Leben –
schnell fließt es dahin.
Mach was aus ihm,
laß es nicht spurlos
an Dir vorüberziehn.
Leben –
ohne Liebe
krank und wertlos?

Leben – Liebe
Sie brauchen einander.
Das Leben wird lebenswert
durch die Liebe.
Die Liebe braucht das Leben,
so wie es ist.
Nicht rosarot und himmelblau –
dunkle Farben
lassen die Schönheit
der leuchtenden erkennen.
So ist das Leben.
So ist die Liebe.

Gabriele Mewes

Tini und das "K"

Als ich wieder einmal in der Kiste der Vergangenheit, so nenne ich den großen Karton mit Fotografien von den vergangenen sechzig Jahren, stöberte, fand ich auch Bilder meiner Nichte.

Sie war damals gerade dabei die Sprache zu entdecken. Ein süßer Fratz. Zierlich mit blonden Löckchen. Wenn ich von der Arbeit nach Hause kam, wir wohnten mit der Familie meines Bruders im gleichen Haus, hörte ich als Erstes: Tante Evi – Tini tommt – Tini taut noch. Ich hatte wohl gerade beim Essen gestört und sie musste wohl noch den letzten Happen bewältigen.
Tini war wirklich ein fixes Kerlchen, hatte aber eine Schwäche. Sie konnte kein "K" artikulieren. Da gab es in der Familie meines Bruders den ersten größeren Ehekrach. Mein Bruder wollte zur Beseitigung der Sprachschwäche therapeutische Hilfe in Anspruch nehmen.

Meine Schwägerin, unterstützt von ihrer Mutter, meinte irgendwann wird sich das schon geben und es hört sich ja auch ganz niedlich an.

Als mein Bruder mir das erzählte, habe ich mich über die Technik der Sprache informiert und bekam erklärt, dass bei der Bildung de "T" die Zunge an den oberen Gaumen gelegt wird. Bei der Bildung des "K" aber an den Gaumen des Unterkiefers. Habe es natürlich erst einmal ausprobiert.
Wie? Ganz einfach Finger in den Mund, Zunge runter gedrückt und versucht das "T" zu sprechen, Ging nicht – wurde "K". Als Tini nun mal wieder zu mir kam, haben wir beide trainiert.

Finger in der Mund, Zunge nach unten gedrückt und es wurde tatsächlich ein "K" Tini war glücklich. Wie schon gesagt, sie war ja ein fixes Kerlchen und hatte den Trick ganz schnell begriffen.

Wir Erwachsenen mussten uns das Schmunzeln verkneifen. Es sah einfach zu niedlich aus, wenn

Tini beim Sprechen ganz schnell einmal den Finger in den Mund steckte um ein ordentliches „K" zu sprechen.

Diese Zeit ging ganz schnell vorüber und der kleine Fehler war endgültig behoben.

So ganz nebenbei. Der Familienstreit meines Bruders war auch behoben. Wobei meine Schwägerin sich bestätigt fühlte, dass sich so etwas von ganz alleine löst. War mir eigentlich auch egal. Hauptsache war ja schließlich, das Tini keinen Ärger mehr mit dem "K" hatte.

Eva M. Kluck

Weihnachtliche Besinnung

Nun ist es wieder mal so weit,
das Jahr, das geht zu Ende
und es ist die schöne Weihnachtszeit.
Wir stehen an der Wende
zu einem neue Jahr,
das besser werden soll
als das alte war.

Im Streben nach Wohlstand
und durch der Tage Hatz
bleibt für besinnliche Stunden
im Leben kaum noch Platz.
Wir wissen oft nicht,
wie es unseren Nachbarn geht
wie es tatsächlich um sie steht.

Ein Wort von uns könnte hilfreich sein,
damit die Menschen spüren
– sie sind nicht allein –
und dadurch kehrt Frieden in die Seelen ein.

Wir brauchen den Frieden, die Freude,
das Lachen,
damit wir aus dem Leben was Sinnvolles
machen.
Wir brauchen das Sehnen und das Hoffen –
nur dann sind unsere Herzen offen.

Wir sollten zu uns selber finden
und das Schwere überwinden,
das Glück auf unserem Wege sehn,
der uns beschieden ist, zu gehn.
Nicht nur nehmen, sondern auch geben
und – vor allem Zeit haben zum Leben.
Weniger „Ich" und ein bißchen mehr „Wir",
das wünsche ich uns allen hier!

Gela, 2017

Meine Weihnachtswünsche

Ich wünsch' mir in der heil'gen Nacht,
daß die Menschheit Frieden macht.
Frieden angesichts der Kerzen
erst einmal im eig'nen Herzen.
Auch im engen Familienkreis
soll er einkehren, ganz leis,
und dann in der ganzen Welt
unter unser'm Sternenzelt.

Ich wünsche mir weltweit
noch viel mehr Gerechtigkeit.
Man darf nicht bei uns unterdessen
Kinder, Alte und Schwache vergessen.
Ich will unserer Regierung raten:
Den schönen Worten laßt folgen Taten!

Ich wünsche mir zum Weihnachtsfeste für alle Menschen nur das Beste.
Es soll keine Kriege und Katastrophen mehr geben.
Überall soll man sicher leben.
Überall soll man frei sein und satt,
daß man keine Gründe hat,
die Heimat zu verlassen
auf unsicheren Meeren und Straßen.

Wer Not, Haß und Terror setzt schach- matt,
der kommt auf mein Ruhmesblatt.
Denn Barmherzigkeit, nicht Ruhm,
ist der Sinn vom Christentum!

Gela, 25.12.2016

Wenn das Glück auf Bäumen wüchse

Wenn das Glück auf Bäumen wüchse,
könnten wir es genießen?
oder
Pflückten wir die Blätter ab,
kaum, dass die ersten sprießen?

Hörten wir den Vögeln zu,
die in den Kronen sängen?
Vernähmen wir die Melodie
von Blätterrauschenklängen.

Ließen wir die Bäume wachsen,
wie sie wachsen wollen?
oder
Brächen wir die Zweige ab,
um uns das Glück zu holen?

Sähen wir die Blütenpracht,
in der die Bienen schwirren?
oder
Flüchten wir nur unter ihr Blätterdach,
um der Sonne zu entrinnen?

Welch großes Glück, dass es die Bäume gibt,
sie können glücklich machen.
Ob im Wald spazieren – ganz verliebt,
oder Picknick mit Kinderlachen.

Auch wenn man es sich manchmal wünscht,
das Glück wächst nicht auf Bäumen.
Doch jeder weiß, wie schön es ist,
in ihrem Schatten vom Glück zu träumen.

Carmen Sabernak

Die Autorinnen:

GELA (Jahrgang 1943)
Hobbies: Theatergruppe, Wandern

Jeanette Lamprecht (Jahrgang 1946)
Sie ist in Leißling/Saale aufgewachsen und wurde an der „DBL-Deutsche-Buchhändler-Lehranstalt-Leipzig) zur Buchhändlerin ausgebildet. In diesem Beruf arbeitete sie bis Mitte 2006. Seit 1975 war sie Buchhandlungs-Leiterin u.a. in Weißenfels, Potsdam und Neuseddin.

Seit Mitte 2006 ist sie Rentnerin, hat aber noch immer freundliche Kontakte zu Buchhändlern und Verlegern, verfolgt das Zeitgeschehen und freut sich über gemeinsame Stunden mit der Familie.

Carmen Sabernak (Jahrgang 1958)
Schreibt am liebsten mit Blick auf das Meer oder auf ihrer Rosenbank im Familiengarten.

Wolfgang Richter (Jahrgang 1944)

In Berlin geboren, lebte und arbeitete er dort als Dipl. Ing. Architekt bis zum Jahr 2000. Anschließend ging er in den Ruhestand und zog nach Teltow.

Als Maler: Als Autodidakt malt er seit seiner Jugend, seit 1970 in Ölfarbe auf Leinwand. Er hatte nie die Absicht, die daraus entstandenen Arbeiten zu veröffentlichen. Im Herbst 2016 stellte er nach Wettbewerbsteilnahme erstmals aus. Das positive Feedback auf die Bilder und auf seine Website (www.wolfgangrichter.eu) machten ihm Mut zu weiteren ständigen Ausstellungen.

Als Autor: Seit 1990 schreibt er Romane und Kurzgeschichten, die er auch nie veröffentlichen wollte. Nach Lektorat eines Münchner Verlages und der Empfehlung zur Veröffentlichung brachte er am 15.11.2016 sein erstes Buch mit dem Titel „Karrieren" heraus. Die gute Resonanz ließ zwei weitere Bücher folgen. Heute bestimmt das Malen und das Schreiben weitgehend sein Leben.

Eva M. Kuck (Jahrgang 1935)
Geboren in Berlin, von 1936 bis 1997 in Klein-
machnow gelebt, danach in Stahnsdorf.

Berufe: Maßschneiderin und Wirtschaftskauffrau
Sie war als Angestellte im Rat der Gemeinde
Kleinmachnow, in der Landwirtschaftsbank in
Potsdam und von 1975 bis 2000 im Gesund-
heitswesen (Geschäftsleitung, ab 1997 Leiterin
des Seniorenbüros AVUS) in Teltow tätig.

Hobbys: Aus dem Leben schreiben: Anekdoten,
bissige Leserbriefe, Glossen und Familienge-
schichte, ehrenamtliche Tätigkeit in Selbsthilfe-
gruppen.

Gabriele Mewes (Jahrgang 1953)
In Dresden geboren und aufgewachsen. Nach
der Ausbildung zog Sie nach Kleinmachnow und
arbeitete in Potsdam.
Sie schrieb schon als Kind gern über ihr Leben
in kleinen Geschichten und Gedichten.
Sie wohnt in Ruhlsdorf und hat 3 Kinder, die sie
regelmäßig inspirieren - Neues zu schreiben.

Bisher erschienen

Aus der Reihe „Perlen unserer Erinnerung"
sind bereits erschienen:

„Hannas Weihnachtsengel"
erschienen 2013 im BoD Verlag

ISBN: 9783732280414
Preis: 5,00 Euro

„Begegnungen im Leben"
erschienen 2013 im BoD Verlag

ISBN: 9783732280889
Preis: 5,00 Euro

„Verlust und Wiederfinden"
erschienen 2015 im BoD Verlag

ISBN: 9783734745812
Preis: 5,00 Euro

„Elli"
erschienen 2015 im BoD Verlag

ISBN: 9783734769276
Preis: 5,00 Euro

„Mein Berlin - Mitten mang und Dichte bei"
erschienen 2015 im BoD Verlag

ISBN: 9783738613599
Preis: 5,00 Euro

„Am Wege blüht Vergissmeinnicht"
erschienen 2015 im BoD Verlag

ISBN: 9783738629262
Preis: 5,00 Euro

„Singen und Wandern - das ist unser Leben"
erschienen 2015 im BoD Verlag

ISBN: 9783738659931
Preis: 5,00 Euro

„Jahreswende - von Anfang bis Ende"
erschienen 2016 im BoD Verlag

ISBN: 9783741276798
Preis: 5,00 Euro